idredi Treize (13)
pays très froid
Europe
LIPARI
PÉLOPONNÈSE
Asie
Chine
SETCHOUAN
Le secret du secret
Histoire complètement horrible
Arabie
Inde
OKINAWA
Le Ouakiri rubicond à sacoche
Océan pacifique
Bête comme cochon
BURU
frique
coin chaud et même très très chaud
Océan indien
KALAHARI
L'arrosoir enrhumé
La Réunion
Madagascar
La soupe de Ratiflou Malfoutu
Australie
Kangourou
TASMANIE
du bas
phoques
thentique
Mappemonde des deux hémisphères d'Henriette
MM
C. Lapointe

À Barbara Wright.
H.B.
À tous les amis de Liliane.
C.L.

13 Contes sauvages
pour Monsieur Crusoé

Henriette Bichonnier
Claude Lapointe

De La Martinière
Jeunesse

Les chèvres de Monsieur Crusoé

Robinson Crusoé s'ennuyait comme un rat mort sur son île déserte. Cela faisait des mois qu'il vivait seul avec ses chèvres. Il disait que ces animaux-là n'avaient aucune conversation. Il se contentait de cultiver ses champs, de bricoler sa maison, d'essayer des recettes de cuisine. Il notait tout soigneusement dans un grand cahier et, tous les soirs, il allait se coucher en soupirant :

– C'est inouï ce que je m'embête.

Il faut dire aussi que Monsieur Crusoé ne connaissait pas les contes. Il ne savait pas que les animaux parlent à condition qu'on leur raconte des choses intéressantes. Les chèvres n'aimaient pas ce que Robinson racontait. Il parlait de son père, de ses voyages, de ses maladies. Mais, à chaque fois, les chèvres étaient dégoûtées.

– C'est inouï ce qu'il radote, disaient-elles.

Un jour, un homme étrange apparut dans l'île. Il avait les cheveux en bataille et une feuille de bananier en guise de caleçon. Il parlait d'une drôle de façon. Les animaux comprenaient très bien, mais pas Monsieur Crusoé. Monsieur Crusoé s'empressa de lui poser des questions et de noter les réponses dans son grand cahier.

– Êtes-vous sauvage ?

– Ça se peut, répondit l'homme.

– D'où venez-vous ? demanda Robinson.

– De Milwaukee au nord de l'Amérique, répondit l'homme. Et aussi de l'Aconcagua en Argentine, du Péloponnèse en Grèce, de Wight en Grande-Bretagne, du Saskatchewan au Canada, d'Okinawa au Japon, de Sakhaline à l'est de la Sibérie, de Futuna dans les Nouvelles-Hébrides, de Lipari en Sicile, de Kalahari en Afrique, de Tasmanie en Océanie, de Buru dans les Moluques, du Setchouan en Chine.

– Je ne vois pas du tout ce que vous voulez dire, déclara Robinson

– Forcément, répondit l'homme à la feuille de banane, vous ne connaissez pas votre géographie. Moi, j'ai fait le tour du monde. Voilà pourquoi.

– Quel jour sommes-nous ? demanda encore Robinson.

– Vendredi, répondit l'homme. Pourquoi ?

– Comme ça.

Là-dessus Robinson commença à écrire :

« L'homme était sauvage, et je décidai de l'appeler Vendredi puisque nous étions Vendredi. »

Les chèvres qui lisaient par-dessus son épaule élevèrent une vive protestation.

– N'importe quoi, dirent-elles, cet homme est très connu sous le nom de Vendredi 13. Il porte chance les jours de loterie et il a voyagé dans treize pays.

– En effet, dit le sauvage, j'ai même rapporté 13 contes du folklore indigène. Je viens de les raconter aux animaux.

Les chèvres insistèrent pour que Robinson Crusoé rectifie l'erreur dans le grand cahier. Mais Robinson refusa. Il disait qu'il voulait d'abord entendre les contes de Vendredi 13 pour être bien certain que tout était vrai. Il n'avait aucune confiance dans les animaux.

Vendredi 13 commença à raconter en présence des chèvres, et Robinson Crusoé finit par admettre que Vendredi 13 méritait bien son nom. Il dit qu'il allait tout réécrire son grand cahier en mentionnant les contes. Mais il n'eut jamais le temps de le faire et il ne s'en souvint que le dernier jour de sa vie.

– Mon Dieu, s'écria-t-il, quel malheur. J'ai oublié Vendredi 13.

Là-dessus il mourut. Et, depuis ce jour, on raconte n'importe quoi sur Vendredi 13. Les animaux m'ont priée de rétablir la vérité. Voici donc les 13 contes de tous les pays tels que les chèvres de Monsieur Crusoé les ont racontés à leurs enfants, petits-enfants et arrière-arrière-petits-enfants.

Henriette Bichonnier

avec l'aimable autorisation
des arrière-petites-chèvres de Monsieur Crusoé

Sommaire

MILWAUKEE
au nord de l'Amérique

L'OR DU RAT TOUT NU

DANS LE PAYS MILWAUKEE, les gens étaient très malheureux parce qu'ils avaient un fermier grincheux, un meunier grognon et un boulanger sinistre. Ils ne trouvaient jamais de bon pain à manger. Les enfants n'avaient pas de bons goûters, les sandwichs étaient inmangeables.

Un jour, le Rat Tout Nu se mit en route. Il emportait seulement un bâton, un balluchon, un crayon et quelques idées biscornues.

Il marchait d'un bon pas. Il arriva ainsi chez le fermier grincheux du Milwaukee. L'homme passait son temps à soupirer dans son champ de blé :

– Ah ! disait-il, petit blé qui blédine, si seulement tes grains étaient d'or, j'aurais la belle vie avec une grande maison, des bassins, des baignoires, des placards et des caramels mous.

– Donc vous n'êtes jamais content, remarqua le Rat Tout Nu.

– Toi, tu n'es qu'un rat sans culotte, gronda le fermier.

– Oui, mais je possède le secret de l'or, répondit le Rat Tout Nu. Donnez-moi une seule graine de blé et vous verrez.

Le fermier donna la graine et, aussitôt, le blé se transforma en or. Le fermier n'en croyait pas ses yeux. Il courut prévenir sa femme, ses poules et son cochon. Il disait qu'il était riche, donc il était content. Il ne dit pas merci au Rat Tout Nu.

– Si vous avez besoin de moi, je suis en haut de la montagne, dit le Rat Tout Nu.

– Et qu'est-ce que j'irais faire en haut de la montagne ? ricana le riche fermier.
Le Rat Tout Nu ne répondit rien et il repartit d'un bon pas. Il arriva bientôt chez le meunier grognon du Milwaukee. L'homme passait son temps à ronchonner pendant que son moulin moulinait la farine.

– Ah ! disait-il, petit moulin qui mouline, si seulement ta farine était d'or, j'aurais la belle vie avec une grande maison, des bassins, des baignoires, des placards et des pastilles de menthe.

– Donc vous n'êtes jamais content, remarqua le Rat Tout Nu.

– Mais qui es-tu, avec tes fesses à l'air pour me parler ainsi, s'écria le meunier.

– Je possède le secret de l'or, répondit le Rat Tout Nu. Donnez-moi une poignée de farine et vous verrez ce que vous verrez.
Le meunier donna la farine et, aussitôt, son moulin se mit à déverser la poudre d'or. Le meunier courut prévenir sa femme, son chien, ses poules. Il disait qu'il était riche, donc il était content. Il ne remercia pas le Rat Tout nu.

– Si vous avez besoin de moi, j'habite tout en haut de la montagne, dit le Rat Tou Nu.

– Et qu'est-ce que j'irais faire en haut de la montagne ? ricana le riche meunier.
Le Rat Tout Nu ne répondit rien et il repartit d'un bon pas. Il arriva ainsi chez le boulanger sinistre du Milwaukee. L'homme pétrissait la pâte à pain en grommelant :

– Ah ! petite pâte qui patine, si seulement tu étais d'or, j'aurais la belle vie avec une grande maison, des bassins, des baignoires, des placards et du nougat.

– Donc vous n'êtes jamais content, remarqua le Rat Tout Nu.

– Toi, fesse de rat, occupe-toi de ce qui te regarde, gronda le boulanger.

– Oui, mais je possède le secret de l'or, dit le Rat Tout Nu. Donnez-moi un peu de pâte et vous verrez ce que vous verrez.

Le boulanger donna la pâte, et aussitôt, l'or se retrouva dans le pétrin. L'homme alla prévenir sa femme, son chat, ses poules et ses pots de fleurs. Il disait qu'il était riche, donc il était content. Il ne dit pas merci au Rat Tout Nu.

– Si vous avez besoin de quelque chose, dit le Rat Tout Nu, je suis en haut de la montagne.

– Et qu'est-ce que j'irais faire en haut de la montagne ? ricana le riche boulanger.

Le Rat Tout Nu ne répondit rien. Il se remit en route et, cette fois-ci, il remonta dans sa cabane, là-haut, tout en haut de la montagne. Il traversa les rochers et les précipices. Arrivé chez lui, il alluma un bon feu dans la cheminée, commença à pétrir le morceau de pâte du boulanger et en fit un joli pain qu'il mit au four. Puis il mélangea la farine avec de l'eau pour faire de la pâte qu'il laissa lever au frais. Ensuite, il prit sa graine de blé et il alla la planter dans la terre. Et il obtint rapidement un champ de blé qu'il moissonna. Enfin, il moulina les graines pour faire de la farine et se mit à cuire des pains qui sentaient si bon que même les coyotes et les pumas voulurent en goûter.

Mais pendant ce temps, tout en bas de la montagne, il se passait des choses étranges. Comme le blé du fermier grincheux était en or, la farine du meunier grognon était donc également en or, et donc le pain du boulanger sinistre était aussi en or. Si bien qu'ils

se cassaient les dents tous les trois en essayant de manger leurs tartines. Les gens du pays se moquaient d'eux. Les enfants leur tiraient la langue et ils disaient :

– Bien fait pour vous, boulanger sinistre.

– Chacun son tour, meunier grognon.

– Tant pis pour vous, fermier grincheux.

Le fermier, le meunier et le boulanger avaient maintenant honte.

– Ce n'est pas de l'or qu'il nous faut, c'est du pain, disaient-ils.

– Nous aurions dû écouter le Rat Tout nu.

– Allons le trouver dans la montagne.

Ils arrivèrent suant, soufflant en haut de la montagne. Le boulanger grincheux, le meunier grognon, le boulanger sinistre commencèrent à pleurnicher.

– Donc, dit le Rat Tout Nu, vous n'êtes jamais contents. Je vous avais pourtant prévenus.

Là-dessus, il donna au fermier grincheux son champ de blé, au meunier grognon sa farine et au boulanger sinistre ses petits pains.

– Et maintenant, dit-il, j'espère que vous allez être enfin contents. Vous avez l'or et le pain.

Là-dessus, il reprit son bâton, son balluchon, et il repartit à travers le monde. C'est depuis ce jour que dans le pays milwaukois les gens sont enfin heureux. Le pain est de nouveau très bon. Le fermier n'est plus grincheux, le meunier n'est plus grognon et le boulanger n'est plus sinistre.

D'autres questions, Monsieur Crusoé ?
Euh… Que signifient les mots grincheux, grognon et sinistre ?
Tenez, voici mon dictionnaire. Vous en aurez besoin pour l'histoire suivante.

LA TORTUE, LA POULE ET AUTRES GUIGNOLS

LA TORTUE GÉANTE traversait la forêt. Une poule arriva en courant tête baissée. Elle ne vit pas la tortue. Elle lui rentra dedans.

– Faites attention ! cria la tortue.

– Pardon, dit la poule, mais le renard veut me manger.

Et c'était vrai. Le renard apparut avec ses dents pointues. Vite, vite, la tortue sortit une patte, elle tira la poule par le bec. Elle la fit entrer dans sa carapace. Le renard se cassa les dents sur la maison de la tortue.

– C'est bon, dit-il, j'attends. Vous serez bien obligées de sortir. Et, alors, je vous mangerai toutes les deux.

La tortue avait des feuilles de salade et de chou. Elle les partagea avec la poule. Et elles se tassèrent toutes les deux dans la carapace.

– Merci, dit la poule.

– Il n'y a pas de quoi, répondit la tortue.

Dehors, le renard attendait. Il attendit longtemps. Trois jours, trois nuits. C'est alors qu'arriva le tigre. Il se jeta sur le renard en criant :

– Je vais te manger !

Vite, vite, la tortue tira le renard par la queue. Elle le fit entrer dans sa carapace. Et le tigre se cassa les dents sur la maison de la tortue.

– C'est bon, dit-il, j'attends, vous serez bien obligés de sortir. Et, alors, je vous mangerai tous les trois.

Dans la carapace, la poule pondit des œufs. Elle les partagea avec la tortue et le renard.

– Merci, dit le renard.

– Il n'y a pas de quoi, répondit la poule.

Dehors, le tigre attendait. Il attendit longtemps. Trois jours, trois nuits. C'est alors qu'arriva le chasseur avec son fusil.

– Je vais te tuer ! cria-t-il au tigre.

Vite, vite, la tortue tira le tigre par une oreille. Elle le fit entrer dans sa carapace. Et le chasseur rata son coup.

– C'est bon, dit-il, j'attends, vous serez bien obligés de sortir. Alors, je vous tuerai tous les quatre.

Dans la carapace, la tortue partagea une grande omelette aux choux avec la poule, le renard et le tigre.

– Merci, dit le tigre.

– Il n'y a pas de quoi, répondit la poule.

Dehors, le chasseur attendait. Il attendit longtemps. Trois jours. Trois nuits. Et il s'endormit.
Mais quand il se réveilla, le chasseur ne trouva plus personne. La tortue s'était mise en route avec sa maison et ses amis. Ils étaient nombreux à l'intérieur. La maison était lourde. Alors, ils firent avancer la carapace chacun leur tour. Avec leurs pattes pour marcher et leur tête pour regarder. Cela faisait un drôle d'animal. Parfois la tortue avait une tête de poule sur des pattes de renard.

L'écureuil disait :

– Voilà une torpoule.

– Mais non, c'est une tornard, répliquait le hibou.

Parfois la tortue avait une tête de tigre sur pattes de tortue. Le cerf disait :

– C'est une torti.

– Mais non, c'est une titue, répliquait le sanglier.

Parfois la tortue avait une tête de renard sur pattes de poule. Le lapin disait :

– C'est une tortard.

– Mais non, c'est une tupoule, répliquait le faisan.

– Cherchons dans le dictionnaire, proposa le loup.

Ils cherchèrent longtemps, très longtemps. Et la tortue continua à avancer.

À présent, elle est loin. Dans un endroit tranquille, au pied d'une montagne, dans une grotte. Elle s'est installée avec ses quatre amis. Et chaque fois qu'elle va se promener, elle ramène d'autres bêtes. Ce qui fait qu'il existe maintenant des torpins, des tula, des torfai, des tusans, des torloups, des tuloups, des tortbel, des tulettes, des torsan, des tugliers. Du coup, les animaux de la forêt ont décidé de faire un nouveau dictionnaire, avec des nouveaux noms pour de nouvelles tortues bizarres.

Voulez-vous le faire avec eux ?

Torpoule

Tortigre

Tornard

Torchèvre

Torpin

Torglier

Torbouc

Tortue

Vous me trouvez vraiment horrible, Vendredi ?

Mais non. Appelez-moi Vendredi 13 et partons au Péloponnèse, en Grèce.

HISTOIRE COMPLÈTEMENT HORRIBLE

C'EST UN TRÈS VIEUX CHÊNE qui vit au milieu d'une sombre forêt. Il est si gros et si grand qu'il fait peur. Ses branches montent jusqu'aux nuages comme des bras tordus. Son énorme tronc, plein de nœuds et de bosses, ressemble à un visage. Un visage épouvantable avec des yeux dessinés par l'écorce, un nez bosselé, une bouche comme un trou noir. Aucun arbre ne pousse dans son voisinage parce qu'il cache le soleil et qu'il fait nuit noire autour de lui. Les gens traversent la forêt en baissant les yeux

devant le grand chêne. On dirait qu'il est toujours en colère. On dirait qu'il va se mettre à parler. On dirait qu'il va marcher. Mais le vieux chêne ne marche pas. Et on ne l'a jamais vu bouger. Sauf les jours d'orage quand il se tord dans tous les sens, qu'il menace les nuages avec ses branches secouées par le vent, qu'il chasse la foudre avec ses yeux terribles. Et il ne parle pas. Non, il ne parle pas. Il n'a jamais fait de mal à personne. Sauf une fois. Mais c'était il y a longtemps, très longtemps.

Ce jour-là, non loin de la forêt, tout en haut de la montagne, dans le grand château, un enfant-roi était né. C'était un garçon tout petit, un bébé. Ce jour-là, il y avait une grande fête au château, on dansait, on chantait, on buvait des framboises pressées. Mais soudain les trompettes éclatèrent, et l'on entendit ce cri terrible :

– Les soldats attaquent ! Les soldats attaquent !

En effet, une armée immense arrivait au galop. Les soldats enfoncèrent la porte, ils massacrèrent la garde royale, ils égorgèrent les cuisiniers. Ils poignardèrent

le roi, la reine, les ducs, les duchesses, les comtes, les comtesses, les soldats du roi et les valets de chambre.

– Il reste encore l'enfant-roi, criait le général, cherchez l'enfant ! Tuez-le !

Les soldats fouillèrent toutes les chambres. Ils examinèrent les caves, les tours. Mais nulle part ils ne trouvèrent l'enfant-roi.

– Ici, cria l'un d'eux, il y a un passage secret.

Les soldats s'engouffrèrent alors dans un couloir et ils aboutirent à la sortie, au milieu de la sombre forêt. Là, ils aperçurent une très vieille femme qui courait avec un enfant dans ses bras. C'était la nourrice qui avait sauvé l'enfant-roi.

– Tuez cette femme ! Tuez aussi l'enfant, cria le chef.

Une flèche vint frapper la nourrice en plein cœur. Elle s'écroula au pied du vieux chêne tandis que le bébé tombait de ses bras en hurlant. Là-bas, les soldats arrivaient au pas de course. Alors le vieux chêne ressentit une grande colère. Une colère plus grande encore que les jours d'orage, de tempête ou de vent. Une colère qui le faisait trembler. Ses branches toutes raides qui montaient vers le ciel se rabattirent doucement. Il attrapa l'enfant-roi au moment où la nourrice s'écroulait, percée d'une flèche. Le vieux chêne saisit l'enfant du bout de ses feuilles et le plaça tout en haut, à la cime. Aussitôt, les soldats lancèrent des flèches. Mais le chêne rabaissa ses branches toutes en même temps. Il empoigna les soldats deux par deux. Il serra fortement leur cou, il les étrangla, puis il les jeta loin de lui.

D'autres soldats arrivèrent, et le chêne les empoigna encore avec ses branches, et il les lança contre les rochers. Ils se fracassèrent la tête, et leur cervelle éclaboussait les branches. Mais l'arbre continuait à s'agiter. Il broyait les soldats. Leur sang ruisselait, leurs jambes volaient par-ci. Leurs mains par-là. Toute l'armée y passa. A la fin, la forêt était jonchée de cadavres en miettes. Alors le chêne, qui n'avait encore jamais dit un mot, se mit à parler. Il appela d'abord les vautours.

– Nettoyez la forêt, dit-il.

Et les vautour s'employèrent à faire disparaître les cadavres. Puis le chêne appelait les abeilles.

– J'ai ici l'enfant-roi, dit-il, apportez-lui du miel et de la gelée royale.

– Mais, pour faire le miel, il nous faut des fleurs, répondirent les abeilles.

Alors, le vieux chêne se mit à fleurir. Les abeilles butinèrent et apportèrent le miel pour nourrir l'enfant-roi. Ensuite le vieux chêne convoqua les lapins et les araignées.

– L'enfant a froid, dit-il, faites-lui des habits.

Les araignées se mirent à tisser. Et l'enfant-roi eut une belle chemise. Puis les lapins donnèrent leurs poils, et l'enfant-roi eut un chaud manteau pour l'hiver.

Le chêne appela ensuite les oiseaux, les sangliers et tous les animaux de la forêt pour garder l'enfant-roi.

Cependant, au pays des soldats, les chefs n'étaient pas contents. Ils envoyèrent d'autres soldats en disant :

– Il faut retrouver l'enfant-roi. Allez, guerriers, continuez à le chercher.

Les guerriers se mirent en route avec leurs armes terribles. Ils parcoururent les champs, ils brûlèrent les maisons sur leur passage. Et après, tous les gens étaient morts.

– Continuez, criait leur chef. Si vous retrouvez l'enfant-roi, je vous ferai princes.

Le corbeau rapporteur avait tout entendu et demanda :

– Moi aussi, tu me feras prince ?

– Oui, toi aussi, dit le chef.

Alors, le corbeau les conduisit dans la forêt. Il leur montra le vieux chêne en disant :

– L'enfant se cache ici.

– Merci, dit le chef.

Là-dessus, il donna un grand coup d'épée qui fracassa la tête de l'oiseau en deux. Le corbeau rapporteur mourut. Et les soldats se précipitèrent sur le grand chêne.

Quand il les vit arriver, l'arbre se mit en colère. Il se tordit dans tous les sens, il rabattit ses branches et il attrapa les soldats par poignées de six. Il les jeta l'un contre l'autre et il leur fracassa la tête. Il en attrapa d'autres et les jeta en l'air, loin loin, et ils se cassèrent le dos. Toute l'armée mourut. Bientôt, la forêt fut remplie de cadavres, et les vautours se dépêchèrent de les enlever.

Pendant ce temps, l'enfant-roi dormait bien à l'abri dans un grand nid. Il n'avait rien entendu. Quand il se réveilla, le grand chêne dit :

– Tu peux retourner dans ton château. Tu ne seras plus attaqué.
Les oiseaux conduisirent l'enfant-roi chez lui. Et il monta sur le trône. Depuis ce jour, il y a la paix dans le pays. Et le vieux chêne ne se met plus en colère. Sauf les jours d'orage quand il se tord dans tous les sens, qu'il menace les nuages avec ses branches secouées par le vent, qu'il chasse la foudre avec ses yeux terribles. Mais il ne parle pas. Non, il ne parle pas.

WIGHT
en Grande-Bretagne

Un loup ? Ah, non !
Cela ne me fait pas rire !

Mais la petite Suzie
est rigolote.

LE LOUP DE LA PETITE SUZIE

LE LOUP VOULAIT MANGER la petite Suzie. Il entra dans le square en faisant semblant d'être un chien. Puis il dit :

– Je vais te manger.

– C'est mauvais pour ta santé, dit la petite Suzie.

– Quelle santé ? demanda le loup.

Le loup n'était jamais malade. Il ne connaissait ni les rhumes, ni la colique, ni l'angine, ni les oreillons. Il avait seulement faim. Il voulait vraiment manger la petite Suzie.

– Moi, à ta place, je demanderais conseil, dit la petite Suzie.

Elle lui indiqua, au bout du village, la maison du Beau Boa, qui était docteur. Le Beau Boa examina le loup. Puis il chaussa ses lunettes et chercha dans ses livres. Le loup attendait en caleçon. Il avait faim. Son ventre faisait glou glou.

– Les petites Suzies donnent des ulcères, dit-il.

– C’est quoi les ulcères ? demanda le loup.

– Mal au ventre. Il faut vous traiter avant de manger. Le Beau Boa indiqua au loup la maison du Chaud Chat, qui traitait les ulcères. Le Chaud Chat examina le loup. Puis il alluma sa pipe et chercha dans ses livres. Le loup attendait en maillot. Il avait faim. Son ventre faisait pouet-pouet.

– Il vous faut du sirop de chaussettes, déclara le Chaud Chat.

– Mais j’ai faim, protesta le loup.

– Prenez d’abord le sirop.

Le Chaud Chat indiqua au loup la maison d'une grand-mère qui préparait les sirops de chaussettes. La grand-mère examina le loup. Puis elle prit son tricot et commença à remplir une bouteille avec une chaussette. C'était long. Le loup avait faim. Son ventre faisait glouglou, pouet-pouet.

Finalement, la bouteille se remplit avec la chaussette. Et la grand-mère obligea le loup à l'avaler. Ce n'était pas bon du tout. Le loup toussait et crachait. Mais son ventre ne faisait plus glou, ni pouet.

– Voilà, dit la grand-mère. Vous pouvez manger la petite Suzie.

Et elle le passa dehors.

La chaussette pesait très lourd dans le ventre du loup. Il avait du mal à courir. Il arriva au square, la langue pendante.

– Je t'ai attendu longtemps, dit la petite Suzie. Alors ?

– Alors, j'ai mal au ventre, dit le loup.

– Vas-tu, oui ou non, me manger, insista la petite Suzie. Je suis pressée maintenant.

Le loup se mit à pleurnicher. Le sirop de chaussettes ne lui convenait pas. Il disait qu'il était malade.

– Donc j'avais raison. Tu as une santé, dit la petite Suzie. Viens avec moi, je vais te soigner.

Elle l'emmena à la maison, et le loup fut très bien accueilli. La maman de la petite Suzie lui donna des petits pots du bébé. Le père de la petite Suzie lui donna de la pâtée pour chats. La grand-mère de la petite Suzie voulut lui donner du sirop de chaussettes. Mais le loup refusa.

La petite Suzie est idiote.
Il n'y a pas de loups
sur l'île de Wight.

Crusoé, vous êtes nul !

SASKATCHEWAN
au Canada

LE VIEUX MACHIN ET SES MACHINES

TOUT EN HAUT D'UNE MONTAGNE, dans une cabane en bois, vivait un très vieil homme qui s'appelait Machin. Il était si vieux que lui-même ne connaissait pas son âge.

Il avait autrefois sauvé tous les animaux en les faisant monter dans sa grande machine flottante.

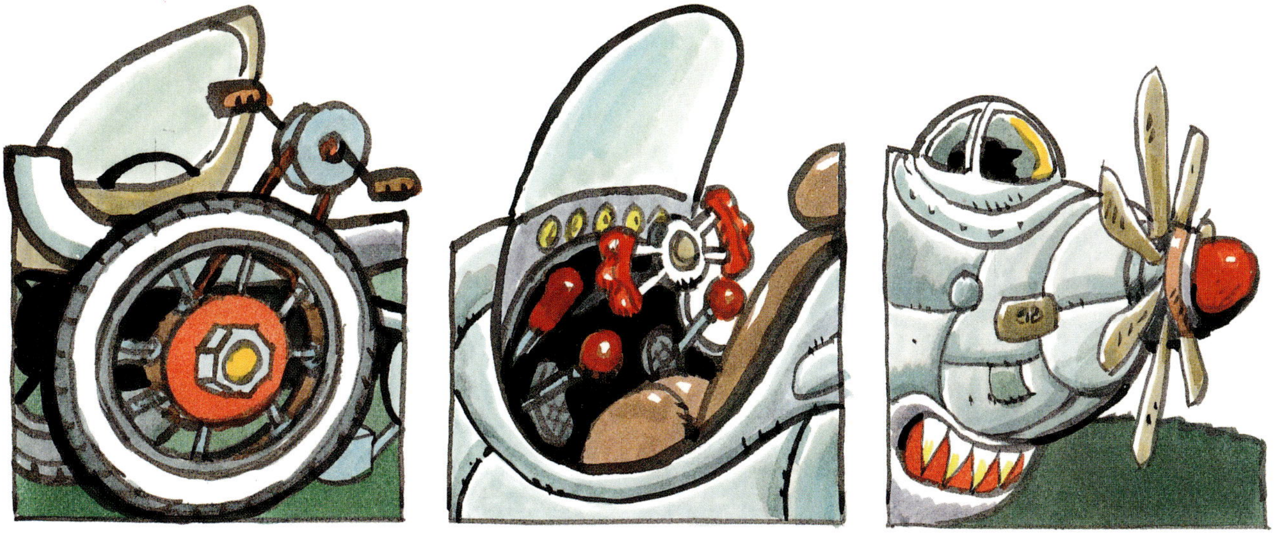

Depuis ce jour, il passait son temps à inventer d'autres machines dont il ne se servait pas. Il les entassait dans un hangar en disant :

– Un jour, je les essaierai.

Mais jamais il n'avait le temps de les essayer, car il avait une nouvelle idée chaque jour. Et donc, chaque jour, il fabriquait une nouvelle machine.

Un matin, en ouvrant ses volets, il trouva devant sa cabane des milliers d'animaux. Il y avait là les fauves d'Afrique, les poissons, les oiseaux, les insectes, les animaux de la ferme, les bêtes du pôle Nord et celles du désert. Il y avait aussi un animal qu'il ne connaissait pas. C'était l'animome avec sa femme et ses enfants.

Tout ce monde-là voulait quitter la terre. Tous disaient qu'il allait arriver une catastrophe.

– La météo est mauvaise ? demanda le vieux Machin.

– Très mauvaise, répondit l'animome.

– Ça va chauffer, dit l'épervier.

– Il faut fuir, dit le Tapir.

– Il y a l'ouragan, dit l'éléphant.

– Et la tempête, dit l'alouette.

– Et les trombes d'eau, dit le chameau.

Le vieux Machin était très inquiet.

– Je n'ai plus ma grande machine flottante, dit-il, mais j'ai ici d'autres engins. Je ne sais pas s'ils marchent.

– Allons voir tout de suite, dit la termite.

Les animaux et l'animome entrèrent dans le hangar. Aussitôt, les animaux trouvèrent quelque chose qui leur convenait. Et le vieux Machin s'aperçut que ses machines marchaient.

Il fit partir le cochon en ballon, le veau en traîneau, le pingouin en patins, la vipère en galère, le lion en camion, le crapaud à vélo, le cacatoès en tire-fesses, l'éléphant en trimaran, la mygale en planche à voile, le rossignol en gondole, la fouine en berline, la crevette en corvette, le chameau en pédalo, le requin en sous-marin, la luciole en bagnole, le bigorneau en rafiot.

Les animaux étaient contents. Ils partirent dans l'espace à bord de leur engin. Mais l'animome et sa famille protestaient.

– Les bêtes ont pris ce qu'il y a de mieux, criaient-ils. Il ne nous reste rien.

Le vent commençait à souffler. On entendait les grondements du tonnerre, la terre tremblait. Alors vite, le vieux Machin

fabriqua de nouvelles machines. L'animome et sa famille montèrent ainsi dans une automobeille, dans un locomotame et dans un métrotaupitain.

Le vieux Machin fut le dernier à partir dans sa Machafouine.

Bêtes et gens voyagèrent dans l'espace pendant cinquante jours et cinquante nuits. Au milieu des tempêtes, des trous d'air, des pluies de météores, des explosions, incendies, dégâts des eaux. Puis, finalement, tout se calma. La colombe indiqua qu'on pouvait de nouveau se poser sur la terre.

Alors, les animaux et l'animome retournèrent chez eux. Ils abandonnèrent les machines du père Machin au milieu du pré, devant la cabane. Puis ils regagnèrent leur logis. Le vieux Machin atterrit en dernier dans sa Machafouine ratatinée. Il prit le temps d'entasser les carcasses dans son hangar. Puis il rentra chez lui, enfila son pyjama. Et il allait se mettre au lit lorsqu'on frappa à sa porte.

Il y avait là un très vieil homme à barbe blanche avec un costume rouge. C'était le Père Noël. Le vieux Machin était très étonné.

– Ne me dites pas que vous êtes en panne.

Le Père Noël baissa la tête d'un air gêné.

– Justement, si.

Le vieux Machin lui indiqua le hangar à machines.

– Alors, fouillez dans mes machines et laissez-moi dormir. Bonsoir.

Là-dessus, il claqua la porte.

Le Père Noël fouilla longtemps. Il finit par dénicher un autotraîneau qui marchait très bien. Et il s'envola dans l'espace pour distribuer ses cadeaux.

Le vieux Machin, qui dormait profondément, ne l'entendit pas descendre dans sa cheminée. Mais, le lendemain, il trouva à côté de ses pantoufles de très grandes boîtes pleines de cadeaux. On ne sait pas exactement ce qu'il y avait dans les boîtes.

Mais on peut toujours essayer de deviner. A votre avis, quels sont les machins utiles pour construire des machines ?

C'est rudement commode
votre dictionnaire, Vendredi.
J'ai trouvé Locomotame,
j'en suis très content.

Les Okinawètes aussi
en sont très contents.
Vous allez voir comment.

LE OUAKIRI RUBICOND À SACOCHE

LES OKINAWÈTES ÉTAIENT en guerre contre les Okinanuls. Normalement, ils auraient dû se battre avec des arcs, des flèches et des roulements de tambour. Mais pas du tout. Ils se contentaient de s'envoyer des lettres écrites sur des feuilles de bananier une fois l'an. Le premier janvier en général.

Chacun des chefs lançait un message avec une flèche.

– Je prie de bien vouloir noter que nous sommes en guerre. Ennemicalement vôtre. Signé : Okinawète Ier.

A quoi l'autre chef répondait :

– En effet, nous sommes en guerre. Adversement vôtre (crétin, on ne dit pas ennemicalement). Signé : Okinanul Ier.

Les Okinawètes vivaient dans la montagne et les Okinanuls, dans la forêt. Bien entendu, les Okinenfants n'avaient pas le droit de jouer ensemble. Mais, un jour, la petite Kinette des Okinawètes eut envie d'aller dans la forêt. Et ce même jour, le petit Kinul des Okinanuls partit pour la montagne. Ils se rencontrèrent précisément à l'endroit où vivait un animal féroce : le Ouakiri rubicond à sacoche.

L'animal déjouait tous les pièges. Aucun chasseur ne l'avait encore jamais vu. Le Ouakiri rubicond attendait la nuit pour attraper les gens. Il les enfermait dans la sacoche pour les étouffer. Puis il les mangeait tranquillement.

Bien sûr, chez les Okinawètes, personne ne croyait au

Ouakiri rubicond. Ils disaient que l'animal n'existait pas, que c'était un coup des Okinanuls. De leur côté, les Okinanuls accusaient les Okinawètes.

Pourtant le Ouakiri rubicond existait bien. Il saisit les enfants dans ses grosses griffes et les jeta au fond de la sacoche. Le petit Kinul et la petite Kinette se retrouvèrent dans le noir. Ils commençaient à étouffer, mais cela ne les empêchait pas de se chamailler.

– Le Ouakiri rubicond n'existe pas, c'est un coup des Okinawètes, criait Kinul.

– Le Ouakiri rubicond n'existe pas, c'est un coup des Okinanuls, criait Kinette.

– C'est faux, protesta le Ouakiri rubicond, j'existe bien et, d'ailleurs, je vais vous manger.

– Personne ne te croira, répondirent les enfants.

– Ah bon, et pourquoi ? demanda le Ouakiri rubicond en ouvrant la sacoche.

– Parce que personne ne t'a jamais vu.

– Eh bien, dans ce cas, je vais aller me faire voir, déclara le Ouakiri rubicond très fâché.

Il referma la sacoche et il alla se faire voir. Chez les Okinawètes, il reçut des tomates à la figure.

– Encore un coup des Okinanuls, criaient-ils, dehors, imbécile !

Chez les Okinanuls, on lui lança des œufs pourris.

– Encore un coup des Okinawètes, hurlait-on, dehors, crétin !

Le Ouakiri rubicond battit en retraite et il rouvrit la sacoche au moment où les enfants allaient étouffer.

– Vous avez raison, dit-il, personne ne me croit.

Qu'est-ce que je fais alors ?

– Ben, tu nous manges, suggérèrent les enfants.

– Oui. Mais personne ne croira que c'est moi. Ils disent que je n'existe pas.

– Alors, tu n'as qu'à écrire, expliquèrent les enfants. Le petit Kinul et la petite Kinette sortirent de la sacoche. Ils prirent une feuille de bananier et un stylet qu'ils placèrent dans les pattes du Ouakiri rubicond. Et ils lui dictèrent la lettre suivante en double exemplaire :

– Je vous prie de noter que je suis en possession de Kinul et Kinette. Ce qui fait que j'existe. Ennemicalement vôtre. Signé : le Ouakiri rubicond à sacoche.

Et c'est à ce moment que les enfants recommencèrent à se chamailler.

– On ne dit pas ennemicalement, imbécile ! interrompit Kinul. On dit adversement.

– On ne dit pas adversement, crétin ! répondit Kinette, on dit ennemicalement.

Le Ouakiri rubicond était pressé d'envoyer sa lettre.

– Bon alors, décidez-vous, qu'est-ce que je fais ?

Les enfants ne l'écoutaient pas. Ils disaient qu'ils allaient regarder dans le dictionnaire et qu'on verrait bien qui avait raison. Ils partirent chacun de leur côté, et le Ouakiri rubicond attendit, son stylo en l'air. Il attendit un jour, puis deux, puis trois. Kinul et Kinette ne revenaient pas. Forcément, ils avaient beau chercher dans tous les dictionnaires, ils ne trouvaient nulle part « ennemicalement » ni « adversement ». Ces mots n'existent pas.

Le Ouakiri rubicond se fatiguait. Il commençait à avoir froid, faim, peur. Il finit par attraper un courant d'air et il mourut d'une maladie dont le nom n'existe pas.

Quand Kinul et Kinette revinrent, il avait disparu. Alors, ils retournèrent chacun chez eux et ils annoncèrent la bonne nouvelle. Mais, bien entendu, on ne les crut pas, ni chez les Okinawètes ni chez les Okinanuls. Et les enfants reçurent une belle fessée pour leur apprendre à raconter des bobards.

Pourtant, à partir de ce jour, personne ne vint plus enlever personne pendant la nuit. Et alors, les Okinawètes pensèrent que les Okinanuls souhaitaient faire la paix. Tandis que les Okinanuls se disaient que les Okinawètes réclamaient un cessez-le-feu. Il y eut de nouvelles lettres envoyées par flèche.

– Je vous prie de bien vouloir noter que nous sommes en paix. Amicalement vôtre. Signé : Okinawète Ier.

A quoi l'autre chef répondit :

– Suite à votre message, je vous confirme que nous sommes en paix. Amicalement vôtre (on dit bien amicalement). Signé : Okinanul Ier.

Alors, les Okinenfants eurent le droit de jouer les uns chez les autres. Kinul et Kinette devinrent amis, ils ne reparlèrent plus du Ouakiri rubicond,

et ils décidèrent de n'employer que les mots qu'on trouve dans le dictionnaire. Ils disent par exemple :
POTES (de poteau), populaire pour : camarade, copain – LOUCHE (on se serre la), populaire pour : main – COOL (mot anglais), familier pour : calme, décontracté. Et bien d'autres choses encore.
Ils s'amusent énormément.

SAKHALINE
à l'est de la Sibérie

L'OGRE ET LES PRINCESSES

L'OGRE SE SENTAIT SEUL dans son grand château. Il décida de se marier. Un matin, il enfila son beau costume et il partit voir le roi.

– Je viens demander la main de ta fille, dit-il.

– Laquelle ? répondit le roi, j'en ai sept.

Il emmena l'ogre au jardin. Il y avait là sept princesses. Clio jouait au cerceau. Estelle à la marelle. Clarisse faisait du tennis. Thérèse du trapèze. Yvette de la planche à roulettes. Ginette du basket. Et Titine patinait.

L'ogre demanda la main de Clio. Et le roi la lui donna.

– Mais c'est un ogre, protesta Clio.

– Et alors ? dit le roi. Il est riche. C'est très bien.

Là-dessus, il alla commander le repas pour les noces.

Il disait que ce serait une grande fête. Mais il n'y eut pas de fête du tout.

L'ogre avala la main de Clio, puis la princesse tout entière avec son cerceau. Quand le roi revint, il lui manquait une fille.

– Imbécile, dit-il.

– Pardon, dit l'ogre, je ne recommencerai pas.

Le roi le passa dehors sans l'écouter.

Dans le ventre de l'ogre, la princesse Clio continuait à jouer au cerceau. L'ogre n'était pas bien. Il avait mal au cœur. Quand il arriva chez lui, il était tout jaune. Il finit par vomir. La princesse s'échappa et elle alla se cacher.

Le lendemain, l'ogre se sentit seul. Il retourna chez le roi pour demander la main d'une autre princesse.

– Imbécile, dit le roi, je n'en ai plus que six.

En effet, il ne restait qu'Estelle à la marelle. Clarisse au tennis. Thérèse au trapèze. Yvette à la planche à roulettes. Ginette au basket. Et Titine au patin.

L'ogre demanda la main d'Estelle. Et le roi la lui donna d'un air sévère.

– Faites attention cette fois, dit-il. Ne la mangez pas.

– Oui, oui, dit l'ogre.

Mais à peine le roi eut-il tourné les talons que l'ogre avala Estelle avec sa marelle.

Dans le ventre de l'ogre, la princesse continuait à sauter de case en case. Si bien qu'en arrivant dans son château, l'ogre était tout violet. Il finit par vomir. La princesse Estelle sortit en sautant de case en case. Elle alla se cacher.

Le lendemain, l'ogre retourna chez le roi pour demander la main d'une autre princesse. Il avait triste mine, moitié jaune, moitié violette. Le roi l'accueillit sèchement en disant :

– Non, imbécile.

Et il tourna les talons. Mais les princesses l'arrêtèrent.

– Trop tard, papa, tu as voulu nous marier, alors tant pis pour toi.

Là-dessus, elles tendirent leurs cinq mains à l'ogre. Et l'ogre les avala toutes en même temps avec leur trapèze, leur tennis, leur planche à roulettes, leur basket et leurs patins.

Le roi se retrouva tout seul, et c'était bien fait pour lui.

Cependant, dans le ventre de l'ogre, Clarisse, Thérèse, Yvette, Ginette et Titine continuaient à jouer. Cela faisait du remue-ménage. L'ogre se traînait sur le chemin de son château. Il passait par toutes les couleurs : violet, indigo, bleu, vert, jaune, orange et rouge. Il finit par vomir. Et les princesses s'échappèrent avec leurs balles, leur ballon, leur trapèze et les autres jeux que vous connaissez. Elles allèrent rejoindre leurs deux sœurs, bien cachées dans la forêt.

Elles y trouvèrent des princes qui jouaient à tous les jeux. Et elles vécurent heureuses.

L'ogre était tout seul dans son château. Les princesses lui en avaient fait voir de toutes les couleurs. Mais elles étaient parties. Il ne lui restait que les couleurs. Alors, il prit un pinceau et il se mit à peindre. Et il devint un artiste célèbre qu'on peut voir aujourd'hui dans tous les musées.

Finalement, ces princesses sont atroces !

À Futuna, j'en ai rencontré une bien pire !

FUTUNA
dans les Nouvelles-Hébrides

LA PRINCESSE IMPOSSIBLE

LE ROI ET LA REINE avaient une fille insupportable. Elle s'appelait Impossible. Et elle portait bien son nom. Elle ne se tenait jamais tranquille. Elle semait la pagaille dans tout le château. Elle mettait du poil à gratter dans les armures des chevaliers. Et les chevaliers perdaient les tournois. Ils étaient furieux. Ils disaient :

– La princesse est impossible !

Le roi et la reine baissaient la tête.

– Eh oui, disaient-ils, c'est son nom.

– Mais pourquoi l'avez-vous appelée ainsi ?

La fée Brouillon apparaissait aussitôt dans des volutes de fumée.

– C'est moi la marraine, disait-elle. J'ai choisi ce nom pour que la princesse soit imbattable.

Là-dessus, la fée disparaissait, et personne n'osait faire d'autres remarques. Alors, Impossible continuait à se rendre insupportable. Elle envoyait ses ballons sur les plus hautes tours du château. Et elle obligeait les courtisans à faire les pires acrobaties pour aller les chercher. Les courtisans se cassaient la figure. Ils étaient furieux. Ils disaient :

– La princesse est impossible.

– C'est son nom, répondait la fée Brouillon.

Là-dessus, elle disparaissait dans un nuage de fumée, et personne n'osait plus se plaindre.

Alors, Impossible continuait à faire tout ce qui lui passait par la tête. Quand elle s'ennuyait, elle venait interrompre le grand conseil. Elle obligeait le chancelier et les princes à faire une grande partie de

colin-maillard. Personne ne pouvait travailler. Le roi et la reine essayèrent de corriger leur fille. Mais ils n'étaient pas très dégourdis, et ils n'arrivaient à rien. Quand le roi voulait donner une fessée à la princesse, la fessée tombait sur le derrière d'un chevalier. Quand la reine voulait gifler sa fille, c'était les demoiselles d'honneur qui prenaient tout. Impossible était très rapide et difficile à attraper.

Finalement, le roi et la reine abandonnèrent l'idée de corriger la princesse. A la place, ils décidèrent de la marier. Ils firent venir des princes de pays lointains en disant :

– L'un d'eux emmènera Impossible pour toujours.

Mais la princesse ne se laissa pas emmener. Elle fila entre les doigts des princes comme une anguille. Elle alla se cacher dans les coins secrets du château. Les princes repartirent avec leurs cadeaux, tête basse, la honte au front.

Un jour, le chancelier eut une idée.

– Majesté, dit-il, je ne vois qu'un moyen pour nous débarrasser de la princesse : faites-la enlever par un dragon.

En effet, les dragons étaient connus pour enlever les princesses. Ils les gardaient jalousement dans leur caverne lointaine en attendant que des chevaliers viennent les délivrer.

Le roi et la reine choisirent un jour où la fée Brouillon était en voyage. Ils préparèrent un pique-nique excellent. Puis ils emmenèrent leur fille dans la montagne. Et là, ils firent appel au premier dragon venu.

C'était un dragon normal, avec des ailes, du feu, des griffes. Il avait aussi un immense trésor. Le dragon fut très surpris lorsque la roi et la reine lui présentèrent Impossible.

– Encore une princesse ? s'écria-t-il, mais j'en ai déjà douze que personne n'a réussi à délivrer.

– Justement, insistèrent le roi et la reine, nous espérons vivement que personne ne viendra délivrer celle-ci.
La princesse n'opposa aucune résistance lorsqu'on la fit entrer dans la caverne. Le dragon était assez surpris.

– Pourquoi ne pousses-tu pas de grands cris comme les autres princesses ? demande-t-il. Pourquoi n'appelles-tu pas au secours ? Je suis très méchant, je fais peur et j'ai déjà tué douze chevaliers qui cherchaient à délivrer les princesses.

– Parce que j'ai envie de jouer à colin-maillard, répondit la princesse.

Là-dessus elle entreprit d'apprendre au dragon à jouer à colin-maillard. Les douze autres princesses participèrent au jeu. Le dragon trouva cela amusant, mais, au bout d'une journée, il se déclara fatigué.

– Fatigué ? s'écria la princesse. Je te croyais très fort. N'oublie pas que tu as tué douze chevaliers.

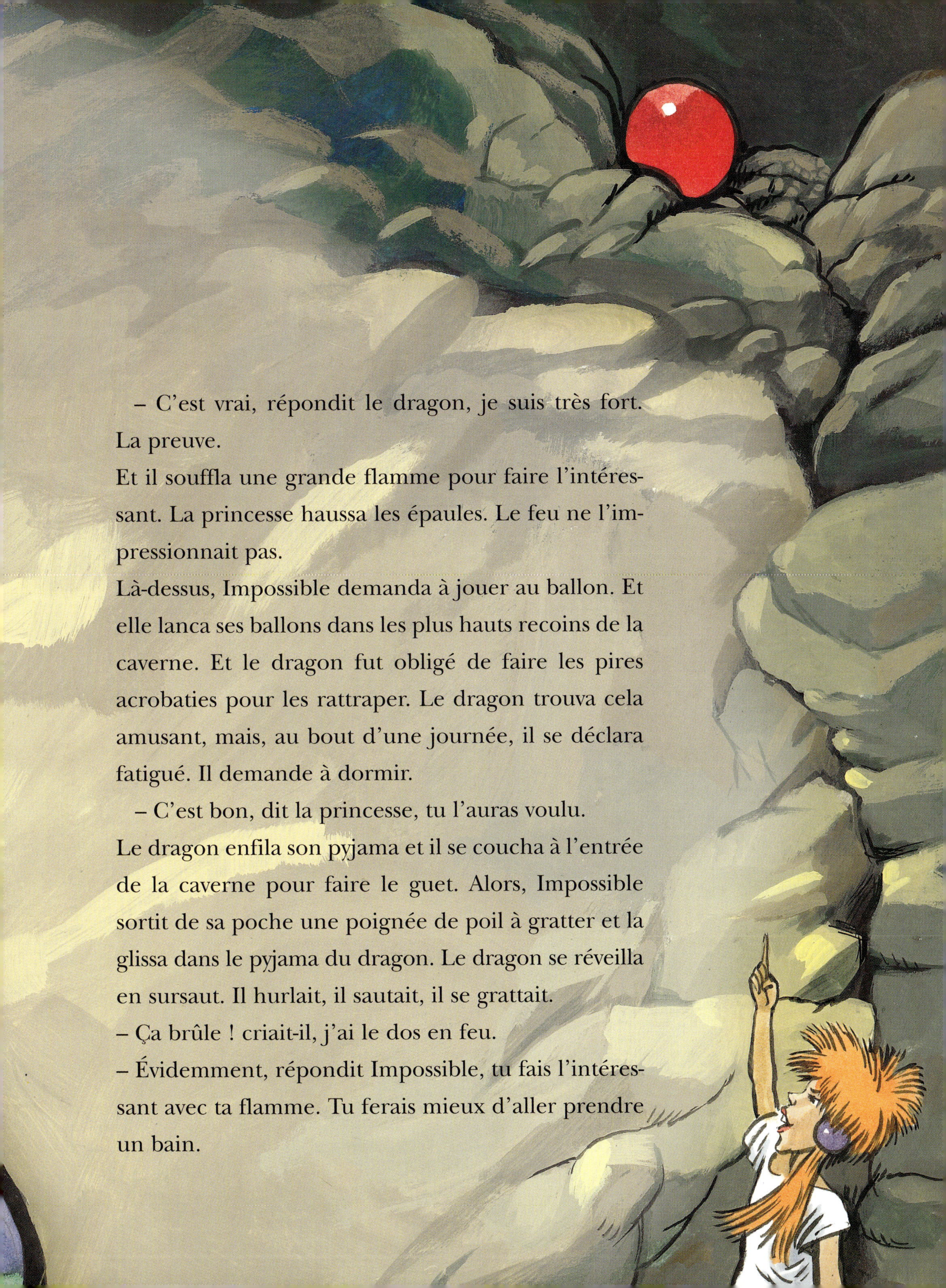

– C'est vrai, répondit le dragon, je suis très fort. La preuve.

Et il souffla une grande flamme pour faire l'intéressant. La princesse haussa les épaules. Le feu ne l'impressionnait pas.

Là-dessus, Impossible demanda à jouer au ballon. Et elle lanca ses ballons dans les plus hauts recoins de la caverne. Et le dragon fut obligé de faire les pires acrobaties pour les rattraper. Le dragon trouva cela amusant, mais, au bout d'une journée, il se déclara fatigué. Il demande à dormir.

– C'est bon, dit la princesse, tu l'auras voulu.

Le dragon enfila son pyjama et il se coucha à l'entrée de la caverne pour faire le guet. Alors, Impossible sortit de sa poche une poignée de poil à gratter et la glissa dans le pyjama du dragon. Le dragon se réveilla en sursaut. Il hurlait, il sautait, il se grattait.

– Ça brûle ! criait-il, j'ai le dos en feu.

– Évidemment, répondit Impossible, tu fais l'intéressant avec ta flamme. Tu ferais mieux d'aller prendre un bain.

Le dragon courut jusqu'au lac et il se trempa pour se rafraîchir. C'est là, naturellement, que sa flamme s'éteignit. Alors, la princesse Impossible entraîna les autres princesses. Elle prit le trésor du dragon et elle revint au château à pied. Le roi et la reine étaient stupéfaits. Vite, ils rendirent les douze princesses à leurs familles. La fée Brouillon, qui revenait de voyage à ce moment précis, félicita sa filleule. Elle fit honte au roi, à la reine et aux courtisans.

– Je l'avais dit. Impossible est imbattable ! Elle est meilleure que vous.

Tout le monde reconnut qu'en effet Impossible était très forte. On décida qu'elle serait une grande reine. Mais il fallait lui trouver un mari, et ce n'était pas facile. De nouveau, on fit venir des princes de tous les pays. Bien sûr, aucun ne convenait. Cela dura des jours, des nuits, des mois. Et puis, un beau matin, on entendit frapper à la porte du château. Quelqu'un criait, d'une voix terrible :

– Ouvrez-moi, je suis le mari de la princesse !

La princesse se précipita en criant :

– Oui, c'est lui. Le voilà. C'est celui-ci, c'est celui-là.

Et qui vit-on paraître dans des habits trempés, tout déchirés, tout tachés ? Le dragon lui-même.

– J'aime Impossible, déclara-t-il, justement parce qu'elle est impossible. J'en ai assez de battre des chevaliers. Je veux m'amuser.

Le dragon épousa donc Impossible. Ils furent heureux. Ils jouèrent à colin-maillard, au ballon. Mais pas au poil à gratter.

Vous me trouvez vraiment trouillard, Vendredi ?

Mais non. Appelez-moi Vendredi 13 et partons rire à Lipari, en Italie.

ROITAPOIL

IL Y AVAIT UN ROI qui voulait toujours être le premier. Il disait qu'il était le plus fort, le meilleur et aussi le plus beau. Il s'appelait Roitapoil.

À table, il se servait toujours en premier. Ce qui est mal élevé. En classe, il bousculait ses camarades. Il se précipitait vers la maîtresse pour demander des bisous. Il disait :

– Poussez-vous, c'est moi le meilleur.

Un jour, la guerre éclata dans le pays. On racontait que des soldats arrivaient. Qu'ils étaient tous très forts, tous premiers, tous meilleurs. Et qu'ils allaient entièrement gagner les batailles.

Roitapoil entra dans une très grande colère.

– C'est moi qui vais gagner ! s'écria-t-il, parce que c'est moi le meilleur.

Là-dessus, il alla chez le coiffeur pour être le plus beau. Ensuite, il commanda une armure et une épée pour être le plus fort. Il coiffa un casque avec des plumes pour être le meilleur. Puis il se mit en route et il traversa la forêt d'un bon pas.

C'est alors qu'il rencontra la sorcière.

– Roitapoil, dit-elle, tu n'es pas invincible.

– C'est quoi, invincible ? demanda le roi.

– Celui que personne ne peut battre.

– Ah bon ? Pourtant je suis le plus beau, le plus fort et le meilleur.

– Moi, dit la sorcière, je connais des potions magiques qui rendent invincible. Mais il faut me payer très cher.

Le roi sortit de sa poche une bourse pleine d'or et il accompagna la sorcière dans son château. La sorcière se mit au travail. Dans un grand chaudron, elle versa de l'huile de rat, des poils de ouistiti, des

queues de cerise et une peau de banane. Le roi s'impatientait. Pendant que la sorcière murmurait ses formules magiques, il tournait autour du chaudron en disant :

– Alors ? C'est prêt.

– Patience, mon fils, répondit la sorcière.

Le roi voulut goûter la potion. Il trempa un doigt dans la casserole, ce qui est très mal élevé.

– Attention ! je n'ai pas fini, cria la sorcière.

Mais c'était trop tard. La belle armure de Roitapoil se transforma en chemise de nuit. Une chemise un peu courte qui laissait voir ses mollets de coq plein de poils. La sorcière n'osa rien dire. Elle se dépêcha de cacher tous les miroirs, et elle reprit sa préparation en rajoutant trois gouttes de pluie et une branche d'arbre. Roitapoil voulut encore goûter.

– Il faut laisse mijoter, dit la sorcière. Patience mon fils.

Mais Roitapoil plongea encore un doigt dans le chaudron et il goûta la potion. Alors aussitôt, son beau casque à plumes se transforma en parapluie et son épée en râteau de jardinier. Roitapoil était parfaitement ridicule. Et il continuait à s'impatienter.

– Alors, c'est prêt ? demanda-t-il.

En le voyant, la sorcière ne put s'empêcher de rire. Et, soudain, il lui vint une idée.

– Tu es invincible, dit-elle. Va maintenant.

– Mais la potion ? demanda le roi.

– Elle est inutile, tu es vraiment le plus beau, le plus fort et le meilleur.

Alors, le roi se mit en route et il marcha d'un bon pas jusqu'au champ de bataille.

Lorsque les soldats virent arriver un homme en chemise de nuit, avec un râteau à la main et un parapluie sur la tête, ils pouffèrent.

– Qui pouffe ? demanda Roitapoil.

Pour toute réponse, il y eut un grand fou rire et l'armée entière s'écroula par terre en se tapant sur les cuisses. Les soldats riaient tant et tant qu'ils en avaient mal au ventre.

Le roi continua d'avancer avec sa chemise de nuit, son râteau et son casque en parapluie. Quand il voyait les soldats s'écrouler, il disait :

– Je suis donc le plus fort.

Il en profitait pour confisquer leurs armes au passage. Il put ainsi traverser les lignes ennemies tout entières. Et lorsqu'il arriva devant le chef, il lui donna un grand coup de râteau sur la tête. Le chef tomba mort.

A ce moment-là, le roi s'aperçut que son épée avait une drôle de forme. Mais cela n'avait pas d'importance. Il avait gagné.

Au retour, naturellement, il passa chez la sorcière et lui demanda son épée.

– Il n'y a plus d'épée, répondit la sorcière. Mais tu peux rentrer au château en vainqueur. Avec ton râteau, tu seras acclamé.

Là-dessus, elle prépara en vitesse une potion qui rend triste. Elle enfourcha son balai. Puis elle atterrit au château avant le roi. Enfin, elle versa la potion dans les verres. Et, ainsi, personne n'osa rire au nez du roi.

Quand Roitapoil vit ses sujets pleurer, il crut que c'était de joie. Alors, il pensa qu'il était le plus fort, le meilleur et le plus beau. Et, comme il était en chemise de nuit, il alla se coucher et il s'endormit tout de suite.

Très marrant !
Mais il n'y a pas
de volcan dans l'histoire.
Je n'ai pas dit
qu'il y en
avait.
Vous n'écoutez pas,
Crusoé.

KALAHARI
en Afrique

L'ARROSOIR ENRHUMÉ

Mais si, j'écoute bien !
Vendredi, est-ce que vous
me trouvez étourdi ?

Un peu. Je vous répète que
je m'appelle Vendredi 13.

UN JARDINIER OUBLIA UN JOUR son arrosoir dans le jardin. L'arrosoir passa la nuit au froid, en plein courant d'air. Et il s'enrhuma. Le lendemain, le jardinier le retrouva au milieu des choux. Mais quand il voulut l'attraper, l'arrosoir s'échappa en faisant :

– Atchoum !

Et une gerbe d'eau jaillit de la pomme d'arrosoir. Le jardinier fut entièrement éclaboussé. Les légumes aussi.

– Beurk ! crièrent les salades, c'est dégoûtant.

– Non, c'est un rhume, répondit l'arrosoir.

– Il fait l'intéressant, dit le jardinier.

Il voulut ranger l'arrosoir. Mais l'arrosoir lui échappa en éternuant de nouveau : Atchoum ! Et chaque fois qu'il éternuait, il sautait plus loin. Et le jardinier courait derrière lui.

– Reviens ! criait-il.

– Atchoum ! répondait l'arrosoir.

Et il continuait à faire des bonds en avant. Il aspergeait, au passage, les fleurs et les arbres. Atchoum, atchoum ! Il sauta les haies du jardin, il bondit pardessus les forêts, il enjamba les rivières. Atchoum, atchoum ! Il survola d'un bond la mer et plusieurs pays. Atchoum ! atchoum !

– Beurk ! Cet arrosoir est dégoûtant, disait-on partout.

Atchoum, atchoum ! L'arrosoir poursuivait sa route. C'est ainsi qu'il arriva en plein désert. Il y avait là quelques palmiers squelettiques. L'arrosoir éternua. Atchoum, atchoum ! Les arbres furent aspergés. Et aussitôt des feuilles poussèrent.

– Merci, dirent les arbres. Pourrais-tu éternuer encore ?

– Atchoum ! répondit l'arrosoir.

Et, cette fois, les petits palmiers devinrent de grands palmiers.

Des dromadaires à une bosse et des chameaux à deux bosses arrivèrent ventre à terre.

– Il y a de l'eau par ici ! criaient-ils.

– Atchoum, atchoum ! répondit l'arrosoir.

Et ils prirent une gerbe d'eau en pleine figure.

– Merci, dirent-ils, pourrais-tu éternuer encore.

– Atchoum, atchoum ! répondit l'arrosoir.

Et Atchoum ! Et Atchoum ! L'arrosoir continuait à tout asperger. Si bien qu'un lac apparut et qu'une rivière se mit à couler. Les herbes sèches se transformèrent en salades, en plants de tomate, en pousses de blé. Des hommes bleus arrivèrent en courant.

– Une oasis, nous sommes sauvés ! criaient-ils.

Atchoum, atchoum !

L'arrosoir continua à bondir dans le désert.

Atchoum, atchoum !

Il arrosa les palmiers, les dattes, les patates, les cacahuètes, les dromadaires à une bosse et les chameaux à deux bosses.

Si bien que l'oasis devint un grand jardin. Puis un village, avec des maisons et des hangars.

Atchoum, atchoum ! L'arrosoir sauta dans une maison. Et il se retrouva à l'abri, bien au chaud, bien au sec, dans la cuisine. Alors, il cessa d'éternuer. Son rhume était fini.

Les hommes bleus prirent grand soin de lui. Et il vécut des jours heureux dans le village. Il s'enrhuma quand il le fallait. Il éternua quand il le fallait. Et il se soigna quand il le fallait.

Donc, nous en sommes
au conte 13. Je note.
Non, au conte 10.
Atchoum ! Le suivant
est le 11. Atchoum !

Désolé, je ne pensais pas que l'arrosoir allait vous cracher dessus.

Ce sont des choses qui arrivent. Continuez, Vendredi.

LA SOUPE DE RATIFLOU MALFOUTU

IL Y AVAIT UN VILLAGE, là-haut, dans la montagne. C'était un village propre et bien rangé. Les habitants étaient riches et ils étaient si fiers de leur village qu'ils n'en sortaient jamais. Ils ne quittaient leurs maisons que pour aller aux champs. Puis ils rentraient bien vite. Aussi, ne connaissaient-ils rien du monde. Un seul habitant voyageait beaucoup, c'était Ratiflou Malfoutu. Au village, on ne l'aimait pas. Sa maison était une cabane déglinguée. Il n'avait

jamais le temps de faire le ménage, ni de repeindre ni d'arranger. On disait :

– La maison de Ratiflou est mal foutue.

Ratiflou sillonnait le monde, et, quand il revenait, il avait plein de choses à raconter. Mais personne ne voulait l'écouter. Ses habits ressemblaient à des serpillières, il sentait mauvais, il était mal coiffé. Ses chaussures étaient pleines de trous. On disait :

– Les habits de Ratiflou sont mal foutus.

Et tout le monde se moquait de lui. On lui jetait des pierres. Si bien qu'un jour Ratiflou décida de partir une nouvelle fois.

– Et ne reviens pas ! s'écrièrent les gens.

– Nous ne voulons plus te voir.

Ratiflou Malfoutu prit son balluchon et s'en alla d'un bon pas. Son voyage fut long, très long. Il traversa des rivières, escalada des montagnes, sillonna les déserts. Bientôt, il se retrouva sans un sou, sans rien à manger. Il arriva dans une forêt glacée avec des arbres tordus par la neige. Il se mit à claquer des dents, il grelottait de froid. C'est alors qu'apparut un Troll.

– Tu veux de la soupe chaude ? demanda-t-il.

– Bien sûr, dit Ratiflou.

Alors le Troll l'emmena sous la terre. Là où vivaient les Trolls Enragés. Ils étaient tous plus laids les uns que les autres, plus méchants les uns que les autres. Ils attrapaient les voyageurs égarés et ils les jetaient dans une grande marmite pour en faire de la soupe. Puis ils remuaient avec une grande cuillère. Les gens se débattaient dans le bouillon bouillant, ils criaient, ils hurlaient. Ce qui amusait beaucoup les Trolls Enragés.

– Allez-y ! Dansez ! Pleurez ! criait Troll Pot, qui était le chef.

– Quel magnifique spectacle, criait le Troll Pé, qui était sous-chef.

En fait, la soupe était meilleure si les gens souffraient beaucoup. Les Trolls Enragés jetèrent Ratiflou Malfoutu dans la marmite. Et ils attendirent que le nouveau se mette à crier. Mais ils furent bien déçus. Ratiflou avait si froid que le bouillon bouillant lui parut délicieux.

– Quel bon bain chaud ! s'écria-t-il. Merci, Pot, merci, Pé.

– Qu'est-ce que tu racontes ?

Le chef et le sous-chef étaient furieux. Ils rajoutèrent du bois pour faire ronfler le feu. Mais plus le bouillon bouillait, plus Ratiflou était content. Comme il ne s'était pas lavé depuis longtemps, il réclama du savon.

– Pourquoi faire ? demanda le Troll Pot.

– Pour donner du goût à la soupe, répondit Ratiflou Malfoutu.

On lui apporta le savon, et Ratiflou se savonna. Cela faisait de la mousse. Le Troll Pot voulut goûter avec sa cuillère, mais il recracha bien vite la soupe.

– Pouah ! ce bouillon est mal foutu.

Le Troll Pé ordonna alors :

– Qu'on rajoute des légumes, des œufs, des cuisses de poulet et des épices pour parfumer.

Mais chaque fois qu'on jetait quelque chose dans la soupe, hop là, Ratiflou l'attrapait et le mangeait.

– Qu'on le sorte de là, ordonna le chef.

Mais il était plus facile de jeter Ratiflou dans le bouillon bouillant que de l'en sortir. Les Trolls se brûlaient les mains. Ils essayèrent de baisser le feu et ils se brûlèrent les pieds. A la fin, le Troll Pot fit une proposition :

– Si tu sors d'ici, je te donne la moitié de mon trésor.

C'était un immense coffre plein d'or et de diamants. Mais Ratiflou refusa.

– Non, dit-il, je suis trop bien ici.

– Je te donne mon trésor tout entier, insista Troll Pot.

Mais Ratiflou refusa encore.

– Qu'est-ce que tu veux, alors ? demanda le Troll Pé.

– Donnez-moi d'abord cette marmite et le bouillon bouillant.

– Accordé ! dit le chef.

– Mais ce n'est pas tout, dit Ratiflou.

– Quoi encore ? demanda le chef.

– Faites sauter des Trolls dans le bouillon, je veux de la compagnie.

Les Trolls refusèrent d'obéir. Ils ne voulaient pas se brûler. Mais le chef les poussa un à un dans la marmite. Si bien qu'il se retrouva tout seul.
Alors, Ratiflou l'attrapa par le col et le plongea dans le bouillon. Puis il sortit prestement de la marmite, il délivra les gens qui souffraient dans la soupe chaude. Enfin, il fit ronfler le feu et il mit à cuire toute la bande de Trolls Enragés. On entendit des cris affreux. Les méchants se tordaient de douleur. Les prisonniers s'enfuirent en se bouchant les oreilles. Bientôt, dans la grotte, il y eut un parfait silence. Tous les Trolls étaient morts.
Alors, Ratiflou Malfoutu prit le grand coffre et il retourna au village. Lorsque les gens le virent arriver avec ses guenilles, ses chaussures trouées et ses cheveux mal coiffés, ils s'écrièrent :

– Va-t'en Ratiflou ! tu es mal foutu.

Mais Ratiflou ouvrit son coffre. Et les villageois virent l'or et les diamants. Ils s'écrièrent :

– Où as-tu trouvé cela, Ratiflou ?

– Raconte, Ratiflou, raconte !

– Non, dit Ratiflou, je ne vous dirai rien du tout. Vous n'aviez qu'à m'écouter avant.

Là-dessus, il rentra dans sa cabane. Puis il la transforma en palais. Il s'acheta des habits de prince. Ensuite, il épousa une princesse et ils eurent beaucoup d'enfants. Et alors Ratiflou Malfoutu leur raconta ses voyages et toutes ses aventures.
Du coup, les villageois se sont mis à voyager. Maintenant, ils ont des choses à raconter eux aussi.

Vous avez encore oublié le 13,
Crusoé. Notez dans votre cahier :
Vendredi 13 !!!

Elles sont méchantes,
elles me fatiguent. Je hais
mes chèvres, Vendredi !

BÊTE COMME UN COCHON

UN JOUR, LES ANIMAUX de la ferme décidèrent de partir. Le cheval ne voulait plus tirer la charrette. Les poules, les canards et les dindons ne voulaient plus être mangés. Le mouton ne voulait plus qu'on lui tonde la laine sur le dos.

– Allons ! en route, dit le cheval.

Seul le petit cochon refusa de partir. Les animaux de la ferme se moquèrent de lui.

– Tu es bête, dirent-ils, bête comme un cochon.

– C'est faux, protesta le petit cochon. Je peux le prouver.

– Eh bien, prouve-le, répondirent les autres.

Alors le petit cochon alla demander l'avis de la fermière.

– Comment me trouves-tu, toi ?

– Très bon, répondit la fermière. Tout est bon dans le cochon.

– Quoi par exemple ? insista le petit cochon.

– Ton épaule, répondit la fermière. Cela fait d'excellents saucissons. Tes côtes font une belle potée. Ton museau fait une exquise salade.

Tout content, le petit cochon retourna voir les animaux et leur annonça qu'il était bon.

– Ridicule, répondirent les autres. Elle dit ça parce qu'elle veut te manger. En vérité, tu es bête.

Là-dessus, ils tournèrent les talons et ils s'enfuirent loin de la ferme.

Resté seul, le petit cochon décida de demander l'avis du berger qui vivait dans la montagne.

– D'après toi, dit-il, je suis bon ou bête.

Le berger hocha la tête d'un air désolé.

– Je ne suis qu'un berger. Moi, je ne sais rien.

Alors le petit cochon se mit en route. Il chercha des gens qui savaient tout. Il courut à droite, à gauche, il traversa la forêt, franchit les montagnes. Mais personne ne pouvait lui répondre. Personne ne savait rien.

Donc le petit cochon décida de demander l'avis du roi qui était très savant.

Il se mit en route pour le château. Lorsqu'il arriva dans la salle du trône, les courtisans se moquèrent de lui.

– Le petit cochon est bête comme un cochon, criaient-ils.

Mais le roi apparut dans ses habits d'apparat.

– Taisez-vous, dit-il, vous ne savez rien. Le cochon est bon. Tout est bon dans le cochon.

– Donc je ne suis pas bête ? demanda le cochon.

– Non, tu es bon.

Très heureux, le petit cochon se mit à gambader. Il voulait rejoindre les animaux de la ferme pour leur annoncer la nouvelle. Mais le roi l'arrêta.

– Reste avec moi, dit-il, tu seras traité au château. Tu es important.

Et, en effet, le petit cochon eut tout d'un coup la plus belle vie du monde. Personne ne se moquait de lui. Il pouvait réclamer tout ce qui lui passait par la tête. Les courtisans s'inclinaient devant lui. On lui faisait la fête. On lui offrit une couronne, un habit brodé d'or, des chaussons de satin et une épée en or.

Cependant, chaque fois que le roi faisait un cadeau, il disait :

– Petit cochon, il faut manger ta soupe.

– Pourquoi ?

– Parce que c'est important.

Et le petit cochon mangeait sa soupe. Il se sentait important. Il en mangea une, trois, cinq par jour. Et, à chaque fois, il grandissait, il grossissait. Et le roi répétait :

– Tout est bon dans le cochon.

Le petit cochon devint un grand cochon bien gras. Il se trouvait élégant. Souvent, il se regardait dans la glace et il soupirait :

– Ah ! si les animaux de la ferme me voyaient, ils ne me reconnaîtraient pas. Je suis d'un chic !

Il se pavanait dans tout le château. Il faisait l'important. Un jour cependant, il eut envie de changer de soupe et il descendit aux cuisines pour donner des ordres. Le cuisinier préparait des rôtis, des salades, des potées, des pâtés. Il ne reconnut pas le petit cochon.

– Ne restez pas là, Messire, vous allez tacher vos habits, dit-il.

Le petit cochon flaira les casseroles et fourra son nez dans les plats.

– Quelle recette faites-vous là ? demanda-t-il.

– Du saucisson d'épaule, répondit le cuisinier, et aussi une potée de côtes de porc et du museau de cochon.

– De cochon ? demanda le petit cochon.

– Oui, Messire, répondit le cuisinier, tout est bon dans le cochon.

Là-dessus, il retourna à ses casseroles. Le petit cochon se retira sur la pointe des pieds et, au lieu d'aller rejoindre le roi à table, il se mit à réfléchir. Il avait compris qu'on allait le manger lui aussi.

– Je suis peut-être bon, mais pas bête. Je ne veux pas finir en saucisson.

Il se dirigea vers les écuries, détacha un cheval, et il monta sur son dos en disant :

– Fuyons loin d'ici, mon ami, allons rejoindre les animaux de la ferme.

– Ah ! tu as enfin compris, dit le cheval. Il était temps.

Le petit cochon reconnut alors le cheval de la ferme.

– Oui, dit le cheval, les autres m'ont envoyé te chercher. J'attendais le bon moment.

– C'est le bon moment, dit le petit cochon.

Là-dessus, le cheval partit à fond de train, il passa la grille du château. Et il arriva dans la forêt en fumant des naseaux. Là, le petit cochon retrouva le canard, les poules, les moutons, les vaches et tous ceux qui ne voulaient pas être mangés.

– Le petit cochon n'est plus bête comme un cochon, annonça le cheval. Il peut vivre avec nous maintenant.

Alors les animaux de la ferme s'installèrent dans la forêt. Ils vécurent heureux avec leurs amis les sangliers, les cerfs et les lapins sauvages.

Non, Crusoé,
les cochons
ne sont pas bêtes.

En effet, je ferais
bien de surveiller
les miens.

Trop tard, ils s'enfuient !

SETCHOUAN
en Chine

LE SECRET DU SECRET

Vendredi ! Vous faites fuir mes cochons avec vos histoires !

13, Monsieur Crusoé. Vendredi 13. D'ailleurs, voici la treizième histoire, et après je file.

LES ÉTOFFES DE LILA étaient les plus belles du monde. Elle savait filer les fils, tisser les tissus, et elle inventait chaque jour des couleurs resplendissantes. Des couleurs qui illuminaient les champs et la ville. Au marché, on voyait de loin les tissus de Lila. Les princes et les princesses se bousculaient pour les acheter. Et pourtant Lila n'était pas riche. Non. Elle était pauvre. Car il lui fallait des années pour inventer une couleur nouvelle. Elle parcourait les champs pour cueillir l'amarante pourpre, la garance rouge vif, l'indigo bleu et le Réséda Lutéola jaune. Puis elle mélangeait les pétales de fleurs et, lorsqu'elle avait enfin une couleur nouvelle, elle notait sa recette sur un petit bout de papier qu'elle rangeait dans un coffre en bois. C'était son secret.

– Bientôt mon coffre sera plein, disait-elle, et je connaîtrai tous les secrets de la terre.

Un jour, un voleur passa avec son cheval. Il vola le coffre et il disparut au grand galop. Il croyait avoir un trésor. Mais lorsqu'il s'arrêta pour ouvrir le coffre, il ne trouva que des bouts de papier où étaient écrits des mots qu'il ne comprenait pas.

– Qu'est-ce que cela ? demanda-t-il au renard bleu.

Le renard bleu examina les morceaux de papier. Puis il les remit dans le coffre et referma le couvercle.

– C'est un secret, dit-il.

Là-dessus, le renard tourna les talons, et le voleur resta seul avec son secret. Maintenant, il devait trouver quelqu'un pour lui expliquer. Et ce n'était pas facile. Il remonta sur son cheval et il parcourut tout le pays. Il demanda aux bêtes. Il demanda aux gens. Mais tout le monde refusa.

– Un secret est un secret, disaient-ils, cela ne nous regarde pas.

A la fin, le voleur perdit patience. Il creusa un trou dans la terre, il déposa le coffre dedans, puis il le recouvrit en disant.

– J'abandonne.

Pendant ce temps, Lila avait abandonné sa maison et

ses tissus. Elle travaillait dans les champs et, chaque fois qu'elle voyait des fleurs rouges, jaunes ou bleues, elle soupirait.

– Hélas ! qui me rendra le secret des couleurs ! Hélas ! mes beaux tissus.

Les fleurs étaient tristes, elles voulaient aider Lila. Elles appelaient les nuages, la pluie, le vent, le soleil. Mais, à chaque fois, c'était la terre qui répondait :

– Patience. Patience.

Les saisons passèrent. Les fleurs perdirent leurs pétales et donnèrent des graines. Alors un grand vent se leva. Une graine se détacha et vint se poser sur la tête de Lila. Et elle entendit la graine qui récitait toutes les recettes du bleu.

– Où as-tu appris cela ? demanda-t-elle.

– C'est le secret de la terre, répondit la graine.

Vite, Lila nota sur son carnet, puis elle mit le secret dans sa poche avec son mouchoir par-dessus. Le lendemain, au même endroit, elle soupira encore.

– Hélas, hélas ! mes beaux tissus.

Et, de nouveau, un grand vent se leva, une graine se détacha et vint se poser sur sa tête. La graine récita cette fois toutes les recettes du rouge.

– C'est le secret de la terre, dit-elle.

Vite, Lila nota sur son carnet, puis elle mit le secret dans sa poche avec son mouchoir par-dessus.

Tous les jours, une nouvelle graine vint lui réciter le secret d'une couleur. Et, tous les jours, Lila le mit dans sa poche avec son mouchoir par-dessus. Ainsi, elle retrouva le secret de toutes ses couleurs et elle put retourner dans sa maison pour fabriquer ses beaux tissus. C'est là qu'elle rencontra le voleur. Il était en piteux état.

– J'ai volé un secret, disait-il. Et cela ne sert à rien. Je suis malheureux.

– Parce que tu ne connais pas le secret du secret. Je vais te l'apprendre, dit Lila.

– Oh ! oui, je veux bien, dit le voleur.

Alors le voleur se mit au travail. Il parcourut les champs, cueillit les fleurs, fabriqua des couleurs avec les pétales. Et il comprit enfin le secret des couleurs, qui est aussi celui de la terre. Il inventa des couleurs resplendissantes et il épousa Lila.

Il est parti ? Je voulais lui poser des questions… Vendredi, Vendredi… revenez !
C'est inouï ce qu'il radote. Nous allons tout réécrire dans le grand cahier.

Conception graphique :
Claude Lapointe et
Isabelle Southgate

ISBN : 2-7324-2597-4.
Dépôt légal : octobre 2000
Imprimé en Belgique par Proost.

Itinéraire de Ve
Canada
5
Le vieux Machin et ses machines
MILWAUKEE
1
L'Or du Rat tout nu
Amérique nord
ILE DE WIGHT
4
Le Loup de la petite Suze
Océan atlantique
hémisphère du haut
Equateur
Océan atlantique aussi
hémisphère
8
FUTUNA
La princesse impossible
Amérique du sud
ACONCAGUA
puma
ACACONGUA
2
La Tortue, la poule et autres guignols
Océan pacifique
Mappemonde